Hans (J.) Kienast

LIEBE - DAS 5.ELEMENT

AF199538

„Wenn auf der Erde die Liebe herrschte, wären alle Gesetze entbehrlich."

ARISTOTELES

„Die Liebe und das Mitgefühl sind die Grundlagen für den Weltfrieden- auf allen Ebenen."

DALAI LAMA

„Wo Liebe wächst gedeiht Leben - wo Hass aufkommt droht Untergang."

MAHATMA GANDHI

„Liebe ist die einzige Macht, die im Stande ist, einen Feind in einen Freund zu verwandeln."

MARTIN LUTHER KING

„Niemand wird mit dem Hass auf andere Menschen wegen ihrer Hautfarbe, ethnischen Herkunft oder Religion geboren, Hass wird gelernt. Und wenn man Hass lernen kann, kann man auch lernen zu lieben. Denn Liebe ist ein viel natürlicheres Empfinden im Herzen eines Menschen als ihr Gegenteil."

NELSON MANDELA

DANKSAGUNG

Ein ganz großes Dankeschön an all die zahlreichen Unterstützer, durch deren Hilfe es mir erst möglich wurde, dieses Buch zu realisieren, und ein sehr persönlicher, und besonders herzlicher Dank an die wunderbaren Menschen, die mir in diesem Leben ihre Liebe geschenkt haben.

Hans (J.) Kienast

Hans (J.) Kienast

DAS FÜNFTE
ELEMENT

INHALT

DAS VORWORT

Es gibt nur einen „Gott" auf der Welt, und das ist die „Liebe!" Nach Feuer, Erde, Wasser und Luft ist die Liebe seit der Entstehung von Leben auf diesem Planeten das 5.Element und in allen Lebewesen enthalten.

Egal ob Mensch, Tier oder Pflanze, alle tragen die Liebe in sich, alle können Liebe geben, und alle möchten Liebe bekommen.

Wenn alle Lebewesen das Geben und Nehmen von Liebe im Gleichgewicht praktizieren würden, wäre die Welt wieder „das Paradies!"

Hans (J.) Kienast

Dieses Buch ist ein leidenschaftliches Plädoyer für die Liebe. Es ist ein Aufruf an alle Menschen diese Liebe zu leben und dadurch das tägliche Leben sehr viel liebenswerter zu machen.

Es richtet sich nicht gegen Religionen oder spirituelle Bewegungen, und soll, trotz einiger kritischer Anmerkungen, den persönlichen Glauben von niemanden verletzen oder verurteilen, sondern es konzentriert sich nur auf die Liebe, diesen einen essenziellen Inhaltsstoff, der in jedem Glauben enthalten ist, und soll die Frage beantworten, warum es für uns alle das absolut wichtigste Element in unserem Leben ist.

Dieses Buch ist geschrieben worden um allen Menschen, egal ob gläubig oder nicht gläubig, eine praktische Lebenshilfe zu geben. Es soll einen Weg zeigen, wie man sein eigenes Leben und das Leben anderer auf einfache Art und Weise positiv beeinflussen kann und dabei die Macht der Liebe entdeckt.

1) DIE HISTORIE

Es gibt keinen Gott, der als imaginäres Wesen all unsere Wünsche erfüllen kann oder unsere „Fehler" zornig bestraft.

Ganz egal, wie er genannt wird, Gott als Figur ist eine Erfindung menschlicher Fantasie, und weil er nicht real ist, kann man nur „glauben", was ihm alles zugeschrieben wird.

Die bekannten historischen Erzählungen sind durch vielfache Überlieferungen und durch diverse Anpassungen an den geltenden Zeitgeist verändert und immer wieder von Menschen und Organisationen mit egoistischen Interessen abgewandelt worden.

Im Laufe der Jahrtausende wurden viele „Götter" erfunden und die „Geschäftsidee" wurde vielfach kopiert, bis ein erbitterter Konkurrenzkampf ausbrach. Es wurden Glaubenskriege geführt, um den eigenen Glauben mit Macht zu verbreiten und im Namen der jeweiligen Götter starben Millionen von Menschen.

Selbst in der heutigen Zeit hat dieses sinnlose Morden im Geiste einer Religion noch nicht aufgehört.

Doch jeder Glaube ist irgendwann von Menschen erfunden worden, um dem Leben der Gläubigen eine Struktur zu geben, und um gemeinsam besser miteinander in Frieden zu leben. Im Laufe der Geschichte diente der Glaube aber auch sehr häufig der persönlichen Bereicherung oder dem eigenen Machterhalt, und in seinem Namen wurden schon viele unmenschliche Verbrechen begangen.

Bis heute entstanden immer wieder neue Religionen und zahlreiche Glaubensrichtungen. Jede von ihnen will den einzig wahren Gott oder Glauben vertreten und hat ihre eigenen Regeln und Gesetze, mit unterschiedlichen Verheißungen, Belohnungen oder Strafen, und verschiedenen Wegen, um diverse Ziele zu erreichen. Um in den Genuss der Versprechungen zu kommen und den „richtigen Weg zum Ziel" zu erfahren, müssen von den Gläubigen oft erst einmal persönliche Leistungen erbracht werden, und nicht selten muss dafür auch Geld gezahlt werden.

Viele dieser Lehren sind viel zu umfangreich, schwer zu erlernen und häufig in einer Sprache, die heute niemand mehr versteht.

Auch kommen sie meistens aus Zeiten, in denen das Leben noch ganz andere Bedingungen hatte, sind sehr oft erklärungsbedürftig oder abhängig von regionalen und ethnischen Voraussetzungen.

Wenn man alle Angebote betrachtet, findet man viele verschiedene Inhalte und Rezepte mit den unterschiedlichsten Meinungen und Deutungen. Doch selbst die meisten Menschen, die einem dieser Glauben folgen, sind nicht unbedingt mit allen seinen Inhalten einverstanden.

Aber es gibt etwas, das ist in jeder Religion enthalten und es gefällt ganz bestimmt jedem: das ist „die Liebe!" Sie ist der gemeinsame Nenner aller Glaubensrichtungen seit Menschengedenken und die einzige Hoffnung für ein glückliches Miteinander in Frieden und Freiheit.

2) DIE ERKENNTNIS

Für die Entstehung unseres Planeten waren Feuer, Erde, Wasser und Luft wichtige Elemente, aber das wichtigste Element war und ist „die Liebe", sie ist die Quintessenz aller Elemente und die emotionale Basis des Lebens! Ohne die Liebe gebe es gar kein Leben. Sie vereint alles Leben in sich, in all seiner Vielfalt und Eigenart und ist in jedem Lebewesen enthalten.

Sie ist die einzige Kraft mit deren Hilfe jeder der will, das Leben positiv beeinflussen kann, denn sie hat die Antwort auf alle Fragen. Nur die Liebe hat diese grenzenlose Macht die Welt zu vereinen und zum Wohle aller Lebewesen dem Leben einen Sinn zu geben.

Sie ist der Kern jeden Glaubens, aber sie bedarf keiner Mitgliedschaft in irgend einer religiösen Vereinigung, denn wahre Liebe braucht Freiheit und will in Unabhängigkeit selbstlos gelebt werden.

Wenn man dieses wunderbare Gefühl der Liebe in sich entdeckt hat wird einem ganz schnell klar, dass Gott gar keine Gestalt hat oder ein wie auch immer dargestelltes Wesen ist.

Gott ist auch weder männlich noch weiblich, „es" ist einfach genau dieses nicht erklärbare Phänomen der Liebe, das schon bei der Entstehung der Welt als 5.Element die entscheidende Rolle gespielt hat, und auch heute noch unser aller Leben positiv beeinflussen kann.

Wer in sich selber danach sucht wird es auch finden und dann ganz automatisch zu der Erkenntnis kommen: „die Liebe" ist der einzige und wahre Sinn des Lebens und Gott bedeutet nichts anderes als Liebe, denn:

„die Liebe ist = Gott!"

3) DIE SUCHE

Viele Menschen sind auf der Suche nach Liebe oder einem Sinn in ihrem Leben und folgen dann häufig einem Glauben oder einer Lehre, die ihnen dabei helfen sollen.

Sie studieren Bücher, hören sich Vorträge an, befolgen Ratschläge oder gehen dafür auf Reisen.

Dabei muss man keine weiten Wege gehen oder lange danach forschen, denn die Kraft der Liebe trägt jeder in sich, der eine mehr, der andere weniger, unabhängig davon, ob arm oder reich, jung oder alt, Mann oder Frau, auch die Nationalität oder Hautfarbe spielen keine Rolle, und selbst in Tieren und Pflanzen ist die Liebe vorhanden. Und auch wenn sie manchmal über Generationen hinweg verkümmert sein sollte, kann man sie wieder zum Leben erwecken.

Wer nun die Liebe in sich selber suchen möchte, muss einfach erst einmal innehalten und einen geeigneten Moment der Ruhe finden.

Es ist ganz egal, wann und wo, wichtig ist nur eine entspannte innere Stille, um konzentriert und ruhig sein eigenes Leben zu reflektieren und danach meditativ in sich selber hineinhorchen zu können, und zu versuchen alle Gedanken besonders wohlwollend zu betrachten. Wenn man dann in seinem Inneren eine emphatische Wärme und eine tiefe Sensibilität empfindet und dennoch eine emotionale Kraft fühlt, die einen ganz stark berührt, dann ist es diese bedingungslose Form der Liebe, die unbedingt weiter gegeben werden will. Mit ihrer Hilfe kann dann jeder für seine Liebsten und alle Mitmenschen, aber auch für viele Tiere und Pflanzen, das Leben sehr viel schöner gestalten. Alles was im Sinne dieser Liebe gemacht wird, hat einen besonderen Zauber und wird meistens mit den gleichen Gefühlen erwidert.

Aber es ist nicht die personenbezogene, absolut individuelle Liebe, wie bei dem romantischen Verliebtsein in einen bestimmten Menschen. Es ist eine Art Urgefühl, das einem sehr vertraut vorkommt, wenn man es plötzlich in sich entdeckt, denn es ist nämlich nichts anderes als die Basis der Nächstenliebe.

Sie ist ein wichtiger Teil unserer Seele, und wenn man sie in seinem Leben immer wieder aktiv weitergibt, wird man ein Gefühl von großer Verbundenheit mit der ganzen Welt empfinden.

Diese selbstlose Art der Liebe ist in jedem Menschen enthalten und jeder kann sie wachrufen, wenn er es wirklich will und wenn er anfängt dieses Gefühl deutlich zu empfinden, wird er ganz von alleine den Wunsch verspüren, sie mit anderen Lebewesen zu teilen.

4) DER WEG

Die Liebe sollte man aber auf keinen Fall nur für sich selber behalten, weil sie weitergegeben werden will, um in den großen Kreislauf von Geben und Nehmen zu gelangen, dem Ying und Yang der Liebe.

Das eine ohne das andere ist weniger als halb so schön, doch beides zusammen ist mehr als doppelt so schön. Wenn man Liebe im Gleichklang erlebt, weiß man nicht einmal, ob es schöner ist zu lieben oder geliebt zu werden.

Wer seine Liebe verschenkt, braucht keine Angst zu haben sie zu verschwenden, denn jeder hat unendlich viel davon und alles was man gibt, kommt um ein Vielfaches wieder zurück. Und dann passieren plötzlich fantastische Dinge, und man fühlt, wie wunderbar das Leben auf einmal sein kann.

Wer das noch nicht erlebt hat, kann es nicht verstehen und sollte es unbedingt selber einmal ausprobieren. Denn wer Liebe bekommen möchte, muss einfach nur anfangen selber Liebe zu geben, freiwillig und uneigennützig anderen Lebewesen gegenüber Zuneigung zu zeigen und ihnen etwas Gutes zu tun.

Wenn man aufmerksam durch das Leben geht und seine Umwelt mit Respekt und Wohlwollen betrachtet, gibt es viele Gelegenheiten andere mit Nächstenliebe zu überraschen.

Das kann alles Mögliche sein, manchmal sind es auch nur Kleinigkeiten, die keine große Mühe machen, aber doch so viel bewirken können.

Wie zum Beispiel ein kleines, freundliches Lächeln, das meistens dankbar erwidert wird, denn jedes Lebewesen freut sich, wenn es etwas Liebe gezeigt bekommt und wird genauso darauf antworten, je nachdem wie viel von dem Gefühl in ihm enthalten ist.

Denn nur wer viel Liebe bekommen hat, kann auch viel Liebe geben.

Deshalb ist es so wichtig, dass alle, die viel davon in sich spüren, nicht zögern es oft und reichlich zu verschenken, damit der Kreislauf von Geben und Nehmen im Fluss gehalten wird und mehr und mehr in Bewegung kommt.

Wenn dabei möglichst viele Menschen mitmachen, kann dieser Fluss immer weiter anwachsen und vielleicht irgendwann einmal zu einem großen Ozean werden, der den Hass und das Unrecht in der Welt überschwemmt.

Natürlich ist das ein Traum, aber einer der realisiert werden könnte, wenn nur mehr Menschen daran glauben würden, denn alles hat einmal klein angefangen.

Die Liebe kennt keine Grenzen, weil sie das einzige Gut ist, das sich vermehrt, wenn man es verschenkt. Je mehr Menschen dabei mit machen, desto schöner kann das Leben für uns alle werden.

Ob in der eigenen Umgebung oder in der ganzen Welt, was im Kleinen funktioniert, kann auch global Realität werden.
 Wenn man sich das einmal vorstellt, was dann alles möglich wäre, denn.....

....es ist genügend Geld vorhanden, dass alle Menschen sorgenfrei existieren könnten!

....es ist auch genügend Nahrung vorhanden, dass alle Lebewesen satt werden könnten!

....und es ist genügend Liebe vorhanden, dass wir alle friedlich und glücklich miteinander leben könnten!

Es ist also absolut möglich, dass das alles, und noch viel mehr, irgendwann tatsächlich wahr werden könnte!

5) DIE REALITÄT

Die aktuelle Situation in der Welt sieht aber leider ganz anders aus. Sie hat sich immer mehr in einen bedenklichen Zustand verwandelt, der den meisten Menschen Sorgen bereitet und viele sogar verzweifeln lässt.

Globalisierung und Digitalisierung prophezeien einerseits große Chancen und Hoffnungen mit neuen vielversprechenden Visionen, aber gleichzeitig bewirken sie bei vielen Menschen eine deutlich spürbare Unsicherheit.

Die rasante Geschwindigkeit der technologischen Entwicklung und die zeitnah zu erwartenden revolutionären Veränderungen in allen Bereichen des Lebens erzeugen eine wachsende Angst vor der Zukunft.

Das allgemeine Zusammenleben wird heute geprägt von vielen Beispielen, in denen die Nächstenliebe bereits vollständig verloren gegangen ist.

Hunger und Armut auf der einen Seite stehen totalem Überfluss und gigantischem Reichtum gegenüber. Hass und Gewalt, Machtmissbrauch und Unterdrückung, Ausbeutung und Gier gehen einher mit Betrug und Lügen, und Wahrheiten werden als Fake-News diskreditiert. Narzissmus und Egoismus breiten sich immer mehr aus, und Nationalismus und Rassismus sind wieder aufgeflammt. Die Politik ist unberechenbar oder hilflos geworden. Überall werden Menschenrechte mit Füßen getreten und die Macht und ihr Missbrauch gehören schon wie selbstverständlich zusammen. Daran ist unter anderem ja auch der Kommunismus gescheitert, und den heutigen Turbo-Kapitalismus treibt es in eine immer schneller und stärker wachsende Spirale der Gier. Menschen fliehen vor Kriegen oder Armut und sterben bei Gefechten oder auf der Flucht. Kinder verhungern, weil auf ihre Nahrungsmittel von skrupellosen Investoren Spekulationswetten abgeschlossen werden.

Die Ursache dafür ist im Kern immer die gleiche grenzenlose Gier einiger weniger.

Die Machtgelüste und die Dummheit einer nimmersatten Minderheit gehen sogar soweit, den eigenen Planeten komplett auszuplündern, die Natur irreparabel zu zerstören und das Klima gefährlich aus dem Gleichgewicht zu bringen. Wenn es so weiter geht, werden sie dafür sorgen, dass die Erde irgendwann einmal unbewohnbar sein wird.

Doch am Ende ihres Lebens können sich diese Menschen dann aber auch nicht so einfach aus dem Staub machen, denn wenn dieser einsame Moment des persönlichen Abschieds von dieser Welt gekommen ist, zieht jeder einzelne für sich, ganz von alleine, seine letzte Bilanz.

Da interessieren dann plötzlich keine Zahlen auf dem Konto mehr oder sonstige, mühsam angehäufte Werte und Machtpositionen, denn bei diesen letzten Gedanken zählen nur noch, und zwar ausschließlich, die Momente, in denen man in seinem Leben die wahre Liebe erlebt hat.

Denn das ist das schönste Gefühl, das man als Mensch empfinden kann. Es ist einfach ein einzigartiges Erlebnis, wenn sich durch die Kraft der Liebe, Körper, Geist und Seele vereinen.

Dieses göttliche Glücksgefühl kann man sich nicht kaufen und mit keiner Macht der Welt erzwingen, man kann es nur geschenkt bekommen oder selber verschenken, wenn einem auf dem Weg durch das Leben wie durch ein Wunder die große Liebe begegnet.

Auch wenn man diese seltene und höchste Form des Glücks nicht so einfach erreichen kann, so kann doch jeder, der möchte, die Liebe in sich selber finden, und dann mit ihrer Hilfe in seiner persönlichen Umgebung viel Positives bewirken.

6) DAS ZIEL

Jeder, der irgendwann die Liebe in sich selber gefunden hat, sollte sie dann in seinem Alltag als aufrichtige und selbstlose Nächstenliebe so oft wie möglich großzügig verteilen und auf diese Weise dafür sorgen, dass der Anteil der Liebe auch in seinem Leben immer größer wird.

Es ist so leicht, mit etwas Aufmerksamkeit, zum Beispiel mit einem freundlichen Gruß, einem ehrlichen Lob, einem kleinen Kompliment oder Dankeschön, und vielleicht auch mit einer einfachen Hilfeleistung, einem anderen Menschen eine Freude zu bereiten. Oft genügt schon ein kleines Lächeln, um ein bisschen mehr Wärme in unsere „coole" Zeit zu bringen.

Durch die Kraft der Nächstenliebe entsteht bei jedem einzelnen sehr viel positive Energie, und damit sich ihre Wirkung frei entfalten kann, sollte man sie immer wieder jedem Menschen, und auch allen anderen Lebewesen die einem begegnen, entgegenbringen.

Auch Tiere und Pflanzen freuen sich über echte Zuneigung, und du wirst es erleben, wie auch ihre Liebe dann automatisch wieder zu dir zurück kommt.

Wenn du dir das jeden Tag fest vornimmst und auch immer wieder praktizierst, wirst du merken, wie sich auch dein Leben dadurch positiv verändert, weil alle Lebewesen in deiner Umgebung davon profitieren und deine Gefühle erwidern werden.

Wenn du dann nicht nur deine Liebe, sondern auch deine Erfahrung damit an andere Menschen weitergibst, dann kannst du dazu beitragen ein Gegengewicht zu allem Negativen auf der Welt zu schaffen.

Weil aber alle negativen Dinge sich leider leichter und schneller verbreiten, ist es wichtig, dass möglichst viele Menschen mitmachen, um mit positiven Beispielen immer mehr Nachahmer zu gewinnen.

So kann aus einer kleinen Idee und einer einfachen Anregung, eine große Bewegung entstehen, die das Leben für uns alle spürbar schöner machen kann.

7) DAS FAZIT

Alle Menschen auf dieser Welt wünschen sich ein glückliches Leben.

Wir wissen, können und besitzen heute mehr als je zuvor, aber glücklicher sind wir dadurch nicht geworden. Der Egoismus wächst parallel zum Leistungsdruck und der Stress erzeugt Burn-out und Depressionen.

Wir Menschen haben uns viel zu sehr auf unseren Verstand konzentriert und dabei die Gefühle häufig vernachlässigt. Wir haben unser Gehirn bis zum Hochleistungssport trainiert, aber die Emotionen sind oft in unserer Seele verkümmert.

Doch nicht nur Körper und Geist brauchen Nahrung, sondern auch unsere Seele, und zwar in Form von Emotionen.

Wie bei unserer Ernährung gibt es dabei positive und negative Inhaltsstoffe.

Wenn man nicht krank oder einsam werden will, braucht man viele positive Emotionen, und am allerbesten davon ist natürlich die Liebe das absolute Superfood für die Seele.

Dieses tolle Lebensmittel gibt es überall auf der Welt, es „schmeckt" ganz bestimmt jedem, und ist auch noch kostenlos zu haben.

Es ist reichlich davon vorhanden, und auch wenn man es verschwendet, wächst es immer wieder nach. Jetzt müssen wir nur noch erkennen, wie existenziell wichtig die Liebe tatsächlich für uns ist und sie täglich in unser Leben einplanen.

Regelmäßig praktizierte Nächstenliebe ist eine hoffnungsvolle Maßnahme, um den sich rasant ausbreitenden Egoismus etwas Positives entgegenzusetzen.

Denn ein grenzenloser Egoismus ist die Wurzel allen Übels und war schon immer für viel Unheil in der Welt verantwortlich. Auch in unserer heutigen Zeit sind dadurch zum Beispiel wichtige Basis-Tugenden, wie Respekt und Höflichkeit im täglichen Miteinander, vielfach schon verloren gegangen.

Nur die Solidarität der Liebe bietet die einzige Chance zu einer wirkungsvollen Gegenwehr. Sie kann bei zahlreicher Beteiligung und mit ihren friedlichen Mitteln zu einer großen Macht anwachsen, die sogar in der Lage wäre die ganze Welt zu verändern.

8) DER AUFRUF

Auch wenn es utopisch klingen mag und viele Menschen es nicht glauben wollen, es ist eigentlich ganz einfach die Welt zu verbessern, du musst nur bei dir selber anfangen.

Du musst die Macht der Liebe in dir entdecken, aber sie dann nicht egoistisch für dich behalten, sondern sie einfach jeden Tag weitergeben, wann immer du kannst. Folge einfach deinem Herzen, und du wirst Wunder erleben.

Es gibt unendlich viele Möglichkeiten die Nächstenliebe zu praktizieren, und jeder, der damit anfangen möchte, muss seinen eigenen Weg finden, denn auch die Voraussetzungen dafür sind bei jedem Menschen andere.

Nicht jeder hat das Glück, viel Liebe erhalten zu haben, und die persönliche Lebenssituation spielt natürlich auch eine Rolle, doch jeder kann Liebe geben, auch wenn er es selber nicht wahrhaben will.

„Glück entsteht oft durch Aufmerksamkeit in kleinen Dingen, Unglück oft durch Vernachlässigung kleiner Dinge."

(Wilhelm Busch)

Deshalb sollte jeder, der mitmachen möchte, sich in seiner persönlichen Umgebung umschauen, demütig bleiben und empathisch denken, sich auch an den kleinen Dingen des Alltags erfreuen und diese Freude mit anderen teilen und dabei alles Positive unterstützen.

Wer sich dann auch noch vornimmt, bei passender Gelegenheit anderen Menschen einfach einmal eine überraschende kleine Freude zu bereiten, wird auf wunderbare Weise selber dabei Glück empfinden.

„Glück ist Liebe, nichts anderes.
Wer lieben kann, ist glücklich."

(Hermann Hesse)

Dieses Zitat von Hermann Hesse ist auch eine sehr schöne Motivation zur Nächstenliebe und kann den ersten Schritt erleichtern, es selber einmal zu versuchen, sich aktiv daran zu beteiligen. Denn jeder Einzelne kann die Welt ein bisschen lebenswerter machen: für sich, für uns, für alle.

Am leichtesten ist es natürlich, ein erfolgreiches Beispiel zu übernehmen und es in seinem täglichen Leben auszuprobieren. Es folgen einige einfache Vorschläge, die dabei helfen sollen, damit zu beginnen. Manchmal genügen schon Kleinigkeiten, um anderen Menschen ein Lächeln ins Gesicht zu zaubern, das dann für beide den Tag ein bisschen schöner machen kann.

1) Zuerst ein Klassiker, der aus der Mode gekommen ist: das Türöffnen und -aufhalten für den „Nächsten", auch wenn es ein paar Schritte dauert.

2) Kommt immer gut an, wird aber heutzutage auch nur noch selten gemacht:

in Bussen und Bahnen aufstehen und seinen Sitzplatz einem älteren oder auch sichtbar kranken Mitmenschen anbieten.

3) Wird leider auch oft und „gerne" übersehen: bei jeder Gelegenheit helfen, wenn jemand etwas gar nicht oder nur sehr schwer alleine schafft, zB. Einsteigen, Aussteigen oder Tragen etc.

4) Auch immer seltener zu sehen, wird aber meistens sehr dankbar angenommen:

im Straßenverkehr einfach mal mit freundlichem Winken die Vorfahrt gewähren oder die Straße überqueren lassen.

5) Etwas, das durchaus häufiger vorkommt, und immer wieder gut ankommt:

jemanden an der Supermarktkasse einfach vorlassen, wenn die Person wenig Ware hat.

6) Einem Obdachlosen (zB. vor einem Supermarkt) auch einmal anstatt Geld eine Kleinigkeit zum Essen oder Trinken mit ein paar freundlichen Worten überreichen.

7) Einfach mal etwas zum Naschen für die Kollegen zur Arbeit mitbringen und ganz anonym zum Verzehr bereitstellen. Auch ein Nachbar freut sich bestimmt über eine süße Überraschung im Briefkasten.

8) Es ist auch eine schöne Idee: für einen un-
bekannten „Nächsten", der in einem Café
hinter einem in der Warteschlange steht,
einfach einen Betrag X, zB. für einen Kaffee
(+Rest als Trinkgeld), schon zu bezahlen,
um ihn dann damit überraschen zu lassen.
Die Reaktion darauf kann man dann, aus
der Distanz und mit Vergnügen, beim eigenen Kaffee genießen.

9) Sich einfach einmal bedanken oder
jemanden aufrichtig loben, der eine
Dienstleistung mit Liebe und zu deiner
Zufriedenheit ausgeführt hat.

10) Am schönsten ist Nächstenliebe, wenn
sie einem völlig unerwartet gezeigt wird,
und oft genügt schon ein freundliches
Lächeln, aber besonders schön ist auch ein
überraschendes, ehrliches Kompliment.

Alle diese Beispiele sollen zeigen, wie einfach es ist selber aktiv zu werden, und
wer es jetzt auch gerne einmal versuchen
möchte, dem fällt wahrscheinlich sogar
ganz einfach etwas Eigenes ein, um den
Anteil der Nächstenliebe in der Welt wieder zu vermehren.

Wenn es so einfach ist, warum machen wir alle es dann nicht einfach?

Und warum fängst du nicht einfach damit an?

Du musst nur Liebe geben, um Liebe zu bekommen und dann deine Erfahrungen damit so oft wie möglich einfach weiter erzählen.

Wenn alle dabei mitmachen, die dieses Buch gelesen haben, ist es noch viel einfacher.

Also, worauf wartest du noch?

Probier es doch einfach aus! Der Weg ist das Ziel!

Komm einfach mit und erlebe es selbst: wer die Liebe lebt, wird das Leben lieben!

„Sei du selbst die Veränderung, die du dir wünschst für diese Welt!"

(Mahatma Gandhi)

DAS SCHLUSSWORT

Dieses Buch ist Teil eines interaktiven Kunst-Projekts und eine Anleitung für ein schöneres Leben.

Es soll dazu anregen, aktiv zu werden und nicht nur zuzuschauen oder alles Negative zu beklagen, sondern selbst zu gestalten und mit kleinen Zeichen der Zuneigung dazu beizutragen das Leben, insgesamt ein bisschen liebenswerter zu machen.

Es soll zeigen, dass es für jeden einzelnen eine einfache Möglichkeit gibt, über alle Grenzen und Unterschiede hinweg etwas zu tun, das sich für sein persönliches Umfeld und auch für ihn selber positiv auswirken kann.

Es ist ein Experiment mit einem offenen Ergebnis, dass jedem, der sich daran beteiligt, die absolute Freiheit der Gestaltung überlässt, aber trotzdem für alle den größten gemeinsamen Nenner des Lebens enthält.

Dieses Buch soll das Gefühl der Nächstenliebe wecken und in Bewegung bringen, um seine Magie zur Wirkung kommen zu lassen.

Es soll der Start zu einer liebevollen Kettenreaktion sein und möchte dazu motivieren, ein wichtiges Glied dieser Kette zu werden und sich aktiv zu beteiligen, aber auch die Informationen darüber so oft wie möglich weiterzugeben, um dadurch zu helfen, die Idee des Projekts immer weiter wachsen zu lassen.

Es wäre doch ein schöner Erfolg, wenn es dazu führen würde, über das tägliche Miteinander nachzudenken und sich dann ganz bewusst vorzunehmen, die Initiative zu ergreifen, und das persönliche Verhalten im Alltag mit überraschenden Elementen der Nächstenliebe zu bereichern.

Es wäre einfach wunderbar, wenn sich diese Art zu leben so stark verbreiten würde, dass dann irgendwann ein zwischenmenschlicher „Klimawandel" in der Gesellschaft spürbar sein würde.

DIE AFFIRMATIONEN

Regeln für ein Leben in Liebe:

1) „Liebe deinen Nächsten wie dich selbst!

DIE BIBEL / GALATER 5.12.2

2) „Behandele andere so, wie du von ihnen behandelt werden willst."

GOLDENE REGEL VIELER RELIGIONEN

3) „Lebe hier und jetzt, in Achtsamkeit zur Umwelt und allen Lebewesen, mit Freude und im Geiste der Liebe!"

AFFIRMATION ZUM LEBEN

DER AUTOR

Hans (J.) Kienast ist bildender Künstler und lebt in Hamburg. In seinen künstlerischen Arbeiten hat er sich immer wieder mit dem Thema „Liebe" beschäftigt.

Dabei ist die Idee zu einem interaktiven Kunst-Experiment entstanden, das die Nächstenliebe vor dem Aussterben retten und wieder in das tägliche Leben integrieren soll.

Das Projekt ist der Versuch, dem stetig wachsenden Egoismus und seinen negativen Folgen mit der Anstiftung zu emotionaler Solidarität zu begegnen und dem Ziel, durch kreative Aktionen ein liebevolleres Miteinander zu erreichen.

Um möglichst viele Menschen zu motivieren, sich aktiv daran zu beteiligen, hat er dieses Buch geschrieben.

Es wäre schön, wenn jede Leserin und jeder Leser für sich und ihr tägliches Leben eine Anregung bekommen haben, einen eigenen Weg zu finden, um wieder mehr Liebe in unserer Gesellschaft zu integrieren und dabei selber auch sehr viel glücklicher werden zu können.

Dieses kleine Buch ist das Start-Objekt und die gemeinsame Basis für ein offenes Experiment zur Wiederbelebung der Nächstenliebe.

Wer es möchte, kann sich auch gerne kreativ daran beteiligen und so selber dazu beitragen, durch eigene Ideen und Vorschläge den Inhalt des Projektes und alle zukünftig geplanten Aktivitäten persönlich mit zu gestalten.

www.live-more-love.de

Auf dieser Website sollen aktuelle Infos zu dem interaktiven Kunst-Projekt:

LIVE - MORE - LOVE !
veröffentlicht werden.

„All you need is love, love is all you need!"

THE BEATLES

„Welch Glück geliebt zu werden! Und
lieben, Götter, welch ein Glück !"

J. W. V. GOETHE

„Glück ist Liebe, nichts anderes.
Wer lieben kann ist glücklich."

HERMANN HESSE

„Die Summe unseres Lebens sind
die Stunden, wo wir lieben."

WILHELM BUSCH

„Das einzig Wichtige im Leben sind die
Spuren der Liebe, die wir hinterlassen,
wenn wir gehen."

ALBERT SCHWEITZER

„Wenn die Macht der Liebe über die Liebe
zur Macht siegt, wird die Welt
Frieden finden."

JIMMY HENDRIX

IMPRESSUM

Copyright © 2020 Hans (J.) Kienast

Herstellung und Verlag:
BoD - Books on Demand Norderstedt

ISBN: 978-3-7504-3073-0